Mutige Ida

von Ruth Lieberherr,
mit Hilfe von Anna, Eida, Ella und Tyler

Copyright © Ruth Lieberherr, 2025

All rights reserved.

Originaltitel: Courageous Ida

Text and Illustrations © 2025 Ruth Lieberherr
Übersetzung aus dem Englischen: Ruth Lieberherr

Book Layout & Design by carolyn.j.vaughan@gmail.com

ISBNs:
978-1-7328877-8-7 Hardcover
978-1-7328877-9-4 Paperback
979-8-9927055-0-8 Hardcover (German)

Printed in the United States.

Widmung

In Erinnerung an meine Mutter, Ida, und all die mutigen Frauen der Vergangenheit, die uns heute inspirieren. Dieses Buch ist auch meinen Enkelkindern gewidmet: Anna, Eida, Ella, Tyler. Eida wurde nach ihrer Urgroßmutter Ida benannt.

Das bin ich, Eida.
Ich bin 9 Jahre alt. Ida war die Großmutter meiner Mutter. Meine Mama liebte ihre Großmutter sehr, deshalb hat sie mich nach ihr benannt. Ich habe Ida, meine Urgroßmutter, nie kennengelernt, aber ich höre sehr gerne Geschichten über sie. Ich liebe es auch, Kleider und gestrickte Jacken zu tragen, die Ida für meine Mama gemacht hat.

Vor langer Zeit wurde Ida in der Schweiz geboren.
Kurz darauf bekam sie einen kleinen Bruder.

Ein weiteres Jahr verging, und Ida begrüßte eine kleine Schwester!
Bald gab es vier Kinder in der Familie.

„Ich liebe meine kleinen Geschwister."

„Wäsche waschen ist ganz schön viel Arbeit!"

Weitere Geschwister wurden geboren, und als Älteste half Ida bei vielen Aufgaben. Sie kümmerte sich um ihre jüngeren Geschwister, half beim Wäschewaschen und beim Kochen.

„Ich helfe Mama gerne!"

*Schneeskulpturen und ein Stoffhase
von Idas Mutter gemacht —
mit Hilfe von Ida und ihren Geschwistern*

*Schneemann von Ella (7 Jahre alt),
Idas Urenkelin*

Idas Mutter arbeitete hart, aber sie fand immer Zeit für Spaß. Sie nähte Puppen und bastelte Stofftiere für ihre Kinder. Sie spielte draußen mit ihnen. Im Winter bauten sie Schneeskulpturen. Im Sommer pflanzten sie Gemüse an und sammelten gemeinsam Beeren.

„Im Schnee spielen macht Spass."

Als Ida sechzehn Jahre alt war, wurde ihre jüngste Schwester geboren, womit die Familie auf insgesamt acht Kinder anwuchs. Ida schlief in einem Schlafzimmer mit ihren fünf jüngeren Schwestern, während ihre zwei Brüder ein Zimmer teilten. Die ganze Familie hatte nur ein einziges Badezimmer!

Ida liebte die Schule, und ihre Eltern erlaubten ihr, weiter zu lernen, trotz der Herausforderungen für die Familie.

Ida wurde Handarbeitslehrerin und unterrichtete Mädchen im Nähen, Stricken und Flicken – Fertigkeiten, die damals als unverzichtbar für Mädchen galten.

Ida war begeistert, ihre eigene gemütliche Wohnung zu haben, während sie ihrer Familie weiterhin half. Sie lernte mit Freunden Skifahren und genoss ihre neu gewonnene Unabhängigkeit.

Dann begann ein großer Krieg, der das Leben erschwerte. Essen, Geld und viele notwendige Dinge waren knapp. Idas Familie baute in jeder Ecke ihres Gartens Kartoffeln und anderes Gemüse an. Ida strickte Socken, Handschuhe, Mützen und flickte die Kleider ihrer Familie. Sie war froh, arbeiten zu können, auch wenn sie manchmal bei Kälte oder Hitze lange Strecken laufen musste, um Kinder zu unterrichten.

„Unterrichten erfüllt mich mit Stolz."

Gegen Ende des Krieges lernte Ida Oscar kennen, einen Mühlebauer. Sie verliebten sich und heirateten. Zunächst lebten sie in verschiedenen Ländern. Ida blieb in der Schweiz und unterrichtete, während Oscar in Dänemark eine Mühle installierte. Sie hielten durch Briefe Kontakt.

„Ich vermisse Oscar, aber ich schreibe ihm gerne Briefe."

„Reisen ist ein Abenteuer!"

Als Oscars Arbeit in Dänemark beendet war, beschloss Ida, ihre Stelle als Lehrerin aufzugeben und Oscar zu seinem nächsten Projekt in Nordafrika zu begleiten. Zusammen begaben sie sich auf eine lange Reise – mit mehreren Zugfahrten von der Schweiz bis zum Mittelmeer. Dann segelten sie mit einem großen Schiff über das Meer nach Tunesien – eine Überfahrt, die mehr als einen Tag dauerte. Sie freuten sich darauf, gemeinsam ein neues Leben in einem Land voller Verheißungen zu beginnen.

Große Welle von Tyler (15 Jahre alt), Idas Urenkel

In Tunesien zogen Ida und Oscar in ein kleines Haus ohne Eingangstür. Um es gemütlich und sicher zu machen, nähte Ida einen Vorhang. Sie musste sich auf Französisch verständigen, einer Sprache, die sie nur in der Schule gelernt hatte. Obwohl es herausfordernd war, liebte sie es, ihr neues Zuhause einladend zu gestalten. Sie musste einen langen Weg bis zum Markt zurücklegen. Viele der Gemüse-, Obst- und Getreidesorten waren anders als die, die sie kannte. Sie lernte, mit ihnen köstliche neue Gerichte zu kochen.

„Tunesien ist anders, aber schön."
„Ich fühle mich mutig an einem neuen Ort."
„Der Markt ist so bunt. Er heißt Souk."

„Ich schätze meine Familie."

In Tunesien bekamen Ida und Oscar zwei Kinder, Peter und Ruth. Beide wurden zu Hause geboren, da es damals sicherer war als in einem Krankenhaus. Ida liebte ihre Kinder von ganzem Herzen.

Als es an der Zeit war, erneut umzuziehen – diesmal nach Algerien –, empfand Ida das als zu gefährlich für ihre Familie. Oscar wollte bei ihnen bleiben, also gab er seine Arbeit auf. Gemeinsam kehrten sie in die Schweiz zurück.

In der Schweiz nahm Ida ihre Lehrtätigkeit wieder auf. Da ihre Arbeitsstelle weit entfernt war, konnte sie mittags nicht nach Hause kommen. Aber sie bereitete früh morgens eine Mahlzeit für ihre Familie vor. Peter und Ruth konnten von der Schule nach Hause zurückkehren und mit ihrem Vater essen, dessen Werkstatt in der Nähe war.

Beide Kinder spielten gerne hinter der Werkstatt ihres Vaters.

Ida und Oscar verbrachten viele schöne Ferien mit ihren Kindern.

Ida nähte ein wunderschönes Hochzeitskleid mit Stickereien und Spitze für ihre Tochter Ruth. Jahre später war eine von Idas Enkelinnen überglücklich, das Kleid bei ihrer eigenen Hochzeit zu tragen.

Als Peter und Ruth erwachsen wurden und eigene Familien gründeten, waren Ida und Oscar begeistert, Großeltern zu werden!

Ida nähte und strickte wunderschöne Kleider für ihre Enkelkinder und unternahm gerne Ausflüge mit ihnen. Die Enkel liebten die köstlichen Mahlzeiten, Kuchen und Kekse, die Ida für sie zubereitete. Ida war eine großartige Köchin und Bäckerin!

Ida und Oscar wurden alt. Als Oscar starb, war Ida sehr traurig, blieb aber stark und lebte weiterhin mit Freude und Zuversicht.

Ihre Enkel fanden es lustig, wenn Ida beim Stricken einschlief und ihre Finger weiter strickten!

„Ich liebe es, wenn meine Enkel zu Besuch kommen!"
„Ich bin glücklich, schöne Erinnerungen zu haben."

Ida führte ein langes und mutiges Leben, voller Güte, Tapferkeit und einer tiefen Liebe zu ihrer Familie, die ihr ganzes Leben prägte.

Ruth: Warum eine Geschichte über meine Mutter Ida?

Nachdem ich über meinen Vater, Oscar Kübler—ein „Verdingkind" (Pflegekind) in der Schweiz—geschrieben hatte, ermutigten mich meine Töchter, über meine Mutter Ida zu berichten, die sie sehr schätzten.

Mein Vater musste in einem gesellschaftlichen System aufwachsen, das Verdingkinder ausnutzte. Als ich über das Leben meiner Mutter nachdachte, erkannte ich, dass auch ihre Geschichte einzigartig war. Idas Stärke und Unabhängigkeit als berufstätige Frau und Lehrerin waren bemerkenswert— besonders in einer Zeit, in der das Leben der Frauen durch gesellschaftliche Normen stark eingeschränkt war.

Zu Idas Zeit waren Frauen in der Schweiz mit zahlreichen rechtlichen Einschränkungen konfrontiert: Sie durften nicht wählen, kein Bankkonto ohne die Zustimmung ihres Ehemanns eröffnen, nicht unverheiratet zusammenleben etc. Sie riskierten sogar den Verlust ihrer Staatsbürgerschaft, wenn sie einen Ausländer heirateten—Gesetze, die heute kaum vorstellbar sind.

Auch in der Berufswelt waren die Möglichkeiten für Frauen begrenzt. Verheiratete Frauen brauchten die Zustimmung ihres Ehemannes, um arbeiten zu dürfen. Sie konnten nur bestimmte Berufe ausüben, beispielsweise als Handarbeitslehrerin. Auch die Ausbildung für Mädchen war anders als für Buben. Selbst während meiner Schulzeit in den 1950er- bis späten 1960er-Jahren besuchten Mädchen Handarbeitsklassen, während Buben am Werkunterricht teilnahmen.

Ida hatte ursprünglich nicht vor, zu heiraten. Als sie mit 33 Jahren doch heiratete, widmete sie sich dem Familienleben voll und ganz. Im Jahr 1949 traf sie die mutige Entscheidung, ihren Beruf vorübergehend aufzugeben und meinem Vater ins Ausland zu folgen. Nach ihrer Rückkehr aus Tunesien nahm sie ihre Arbeit wieder auf—sowohl aus finanziellen Gründen als auch, weil es ihr persönlich Erfüllung brachte.

Auch die Erfahrung des Lebens im Ausland prägte meine Eltern. Meine Mutter bereitete eine vielfältige Auswahl an Gerichten zu - von der Schweizer bis zur tunesischen Küche. Meine Eltern waren offen gegenüber Menschen unterschiedlicher Herkunft und Kulturen. Sie waren stets bereit zu helfen, sei es Familienmitgliedern oder Ausländern.

Die Balance zwischen Arbeit und Familie war nicht immer einfach. Ich erinnere mich, dass ich im Alter von vier Jahren versucht habe, meine Mutter mit einem Besen davon abzuhalten, zur Arbeit zu gehen! Wie viele berufstätige Mütter heute hätte sie es allein nicht geschafft. Die Unterstützung meines Vaters war von unschätzbarem Wert, und in meinen frühen Jahren hatten wir auch Kindermädchen und Haushaltshilfen. Später, als mein Bruder und ich selbstständiger wurden, stand meine Mutter früh auf, um das Mittagessen vorzubereiten, und wir alle halfen im Haushalt mit.

Dieses Buch ist Ida und all den mutigen Frauen gewidmet, die den Weg für kommende Generationen geebnet haben.

Ida Kübler-Tyrluch, geboren am 12. April 1913 in Zürich, Schweiz; gestorben am 5. Oktober 2000 in Zürich.

Beispiele von Idas Handarbeiten

Über die Autorin und Illustratorin

Ruth Lieberherr ist eine Schweizer Autorin und Künstlerin, bekannt für ihre einfühlsamen Bilderbücher, die von ihrer Familiengeschichte inspiriert sind. *Mutige Ida* erzählt die Geschichte ihrer Mutter, während *Der Bub ohne Namen* von der Kindheit ihres Vaters als Verdingkind handelt.

Zu ihren weiteren Werken gehören das Bilderbuch *Die Raupe und der Schmetterling* sowie zahlreiche illustrierte Kinderbücher, darunter *By Some Great Spell*, *Hafez The Mathematical Stonecutter*, *Journey to Inner Space*, *The Knottles* und *Winter Awake*!

Porträt der Autorin Ruth Lieberherr von Anna (13 Jahre alt), Idas Urenkelin

Ihre Bilder befinden sich in privaten und öffentlichen Sammlungen und wurden in Europa sowie den USA ausgestellt.

Mehr unter: www.RuthLieberherr.com.

Bilderbücher von Ruth Lieberherr geschrieben und illustriert
- *Die Raupe und der Schmetterling / The Caterpillar and the Butterfly*
- *Der Bub ohne Namen / The Boy Without A Name*
- *Mutige Ida / Courageous Ida*

Bilderbücher von Ruth Lieberherr illustriert
- *Winter, Awake!* (Autorin: Linda Kroll)
- *Journey to Inner Space* (Autorin: Deborah R. Cohen)
- *The Knottles* (Autorin: Nancy Mellon)
- *Hafez, the Mathematical Stonecutter* (Autor: Michael Punzak)
- *By Some Great Spell* (Autorin: Mary Beth Melton)

www.ingramcontent.com/pod-product-compliance
Lightning Source LLC
LaVergne TN
LVHW070434070526
838199LV00014B/504